Deportes espectaculares

Rodeo

Conteo

Joseph Otterman

Asesora

Colene Van Brunt
Educadora de matemáticas
Escuelas Públicas del Condado de Hillsborough

Créditos de publicación

Rachelle Cracchiolo, M.S.Ed., *Editora comercial*
Conni Medina, M.A.Ed., *Redactora jefa*
Dona Herweck Rice, *Realizadora de la serie*
Emily R. Smith, M.A.Ed., *Realizadora de la serie*
Diana Kenney, M.A.Ed., NBCT, *Directora de contenido*
June Kikuchi, *Directora de contenido*
Caroline Gasca, M.S.Ed., *Editora superior*
Susan Daddis, M.A.Ed., *Editora*
Karen Malaska, M.Ed., *Editora*
Sam Morales, M.A., *Editor asociado*
Kevin Panter, *Diseñador gráfico superior*
Jill Malcolm, *Diseñadora gráfica básica*

Créditos de imágenes: portada, pág.1 Jo Crebbin/Shutterstock; págs.4–5 Mlenny/iStock; pág.5 (inferior) Jesse Beals/ Icon SMI/Corbis via Getty Images; págs.6–7 Woodkern/iStock; pág.9 Granger Academic; pág.10 (inferior) Library of Congress [loc.gov/pictures/resource/highsm.36252/]; pág.12 Alison Scott/Corbis via Getty Images; pág.13 Kokoulina/Shutterstock; pág.14 Scott Olson/Getty Images; pág.15 Lincoln Rogers/Shutterstock; pág.17 (superior) Kobby Dagan/VWPics/Alamy Stock Photo; pág.18 photo-denver/Shutterstock; pág.19 (inferior) Jason Connolly/AFP/Getty Images; todas las demás imágenes provienen de iStock y/o Shutterstock.

Library of Congress Cataloging-in-Publication Data

Names: Otterman, Joseph, 1964- author.
Title: Rodeo : conteo / Joseph Otterman.
Other titles: Rodeo. Spanish
Description: Huntington Beach, CA : Teacher Created Materials, 2019. | Series: Deportes espectaculares | Includes index. | Audience: K to Grade 3. |
Identifiers: LCCN 2018055508 (print) | LCCN 2019007697 (ebook) | ISBN 9781425830021 (eBook) | ISBN 9781425828387 | ISBN 9781425828387¬q(pbk.)
Subjects: LCSH: Rodeos for children--Juvenile literature. | Counting--Juvenile literature.
Classification: LCC GV1834.4 (ebook) | LCC GV1834.4 .O8818 2019 (print) | DDC 791.8/4--dc23
LC record available at https://lccn.loc.gov/2018055508

Teacher Created Materials
5301 Oceanus Drive
Huntington Beach, CA 92649-1030
www.tcmpub.com

ISBN 978-1-4258-2838-7

Printed in Malaysia
Thumbprints.23398

Contenido

¿Qué es?

¿Qué tiene payasos, caballos y trucos, pero no es un circo?

¡Es un rodeo!

Dos vaqueros montan sus caballos.

Los payasos del rodeo actúan para el público.

Un rodeo es un tipo de **concurso**. Los vaqueros y las vaqueras muestran sus **habilidades**. Intentan ser los mejores.

Una vaquera da un giro difícil alrededor de un barril.

¡HAGAMOS MATEMÁTICAS!

El año pasado hubo 47 vaqueros y vaqueras en el rodeo. Este año hay 62. Cuenta del 47 al 62 en la tabla de centenas.

1	2	3	4	5	6	7	8	9	10
11	12	13	14	15	16	17	18	19	20
21	22	23	24	25	26	27	28	29	30
31	32	33	34	35	36	37	38	39	40
41	42	43	44	45	46	47	48	49	50
51	52	53	54	55	56	57	58	59	60
61	62	63	64	65	66	67	68	69	70
71	72	73	74	75	76	77	78	79	80
81	82	83	84	85	86	87	88	89	90
91	92	93	94	95	96	97	98	99	100

Cómo comenzó

Muchos deportes comienzan por diversión. Pero el rodeo empezó en el trabajo.

Estos vaqueros intentan atrapar este becerro usando un lazo, o una cuerda.

Estos vaqueros enlazan un toro en un rancho.

Este vaquero domina a un toro.

Estos vaqueros atrapan un toro.

Los vaqueros y las vaqueras se reunían para trabajar en los campos.

Querían descubrir quiénes tenían las mejores habilidades.

Una joven vaquera demuestra sus habilidades con el lazo.

Este vaquero está feliz luego de ganar un concurso de monta de toros.

¡Tenían concursos para descubrirlo! Con el tiempo, los concursos se convirtieron en rodeos.

¡HAGAMOS MATEMÁTICAS!

Los mejores vaqueros y vaqueras ganan un premio. Un premio común es una **hebilla para cinturón**.

1. ¿Cuántas hebillas hay?

2. ¿Qué cantidad es 1 menos que la cantidad de hebillas?

3. ¿Qué cantidad es 1 más que la cantidad de hebillas?

Animales

Los animales son parte de los rodeos. Las personas los montan.

Algunos caballos empiezan a **corcovear**. Es difícil que los jinetes sigan montados.

Esta vaquera se sostiene con fuerza.

Mantenerse sobre un caballo que corcovea es difícil.

El **ganado** también es parte de los rodeos. Los vaqueros y las vaqueras los montan. También los pueden **enlazar**.

Dos vaqueras trabajan juntas para enlazar un toro.

Hay que ser hábil
para montar un toro.

¡Yiii jaaa!

No hay deporte como el rodeo. ¡Es muy divertido! ¡También es muy emocionante!

Este vaquero viste un equipo para estar seguro.

Esta vaquera muestra sus habilidades para montar.

Resolución de problemas

¡El rodeo es un lugar muy movido! Hay mucho que ver.

Lo que ves	Cantidades	Pistas
sombreros de vaquero		1 menos que 49
caballos		1 más que 15
cuerdas		1 menos que 80

1. Escribe las cantidades de lo que ves en el rodeo usando las pistas.

2. Escoge dos cosas de la tabla. Muestra cuántos hay usando objetos o imágenes.

Glosario

concurso: una competición para ver quién es mejor

corcovear: saltar y correr con violencia

enlazar: capturar usando una cuerda

ganado: todos los tipos de vacas, toros y cabestros

habilidades: capacidades que obtienen las personas por entrenamiento y práctica

hebilla para cinturón: una pieza de metal que une los extremos de un cinturón

Índice

Soluciones

¡Hagamos matemáticas!

página 7:

47, 48, 49, 50, 51, 52, 53, 54, 55, 56, 57, 58, 59, 60, 61, 62

página 13:

1. 21 hebillas

2. 20

3. 22

Resolución de problemas

1. 48
   16
   79

2. Los objetos o imágenes variarán, pero deben representar 48, 16 o 79.